Vollidiot

In Einfacher Sprache

Spaß am Lesen Verlag
www.spassamlesenverlag.de

Diese Ausgabe ist eine Bearbeitung des Buches *Vollidiot*
von Tommy Jaud © S. Fischer Verlag, 2016
Lizenzausgabe mit Genehmigung der
© S. Fischer Verlag GmbH, Frankfurt, 2016

Text Originalfassung: Tommy Jaud
Text in Einfacher Sprache: Judith Kutzner
Redaktion und Gestaltung: Spaß am Lesen Verlag
Druck: Melita Press, Malta

ISBN 978-3-944668-68-0

Tommy Jaud

Vollidiot

In Einfacher Sprache

Schwierige Wörter oder Ausdrücke sind unterstrichen. Die Erklärungen stehen in der Wörter-Liste am Ende des Buches.

Inhalt

Ich

Wollt ihr mal eine lustige Geschichte lesen?
Dann holt euch was zu trinken.
Und setzt euch gemütlich hin.
Okay, jetzt geht es los:

Ich heiße Simon Peters und bin 29 Jahre jung.
Ich arbeite in einem Telekom-Laden.
Da verkaufe ich Handys und Telefon-Anschlüsse.
Ich mag meine Arbeit nicht besonders.
Aber davon erzähle ich später noch etwas.

Vor kurzem hat meine Freundin mit mir
Schluss gemacht.
Jetzt bin ich wieder Single. Das gefällt mir gar nicht.
Dieses Allein-Sein. Und keinen Sex haben.
Meine Kumpel haben auch keine Zeit mehr.
Sie sitzen mit IHREN Freundinnen zu Hause vor
dem Fernseher.
Sie wollen nicht mit mir in die Kneipe gehen
und sich besaufen.
Und dann höre ich auch noch, dass meine
Ex-Freundin schon einen neuen Freund hat.
Er soll so ein Muskel-Mann sein.

Ich suche also dringend eine neue Freundin
für mich!

Darum habe ich mich in einem Fitness-Studio angemeldet.
Da wollte ich Frauen kennenlernen.
Leider ist das Studio sehr beliebt bei schwulen Männern.
Es kommen nur wenig Frauen zum Training.

Na ja, ein bisschen Sport ist auch nicht schlecht.
Ich bin ja eher ein dünner Typ. Und ich trinke und rauche zu viel.
Mit ein paar Muskeln gefalle ich den Frauen vielleicht besser.
Das Leben ist einfach schöner zu zweit.

Möbel

Es ist Samstag-Nachmittag.
Ich bin zu einem Möbelhaus gefahren.
Da will ich einen Sessel für mich kaufen.
Aber das war keine gute Idee.
Die Möbel hier sind nur für glückliche
Liebes-Pärchen. Oder fröhliche Familien.
Zum Kuscheln, zum Schmusen, zum Liebhaben.

Aber ich bin Single!
Ein Möbelhaus ist kein guter Ort für Menschen,
die alleine sind.
Da wird man nur traurig.

Jetzt steht ein kleiner, dünner Verkäufer neben mir.
Er sieht aus wie ein Zwerg mit seinen roten Haaren
und seiner großen Nase.
Ich bin froh, dass ich nicht so doof aussehe.

Der Verkäufer fragt mich:
„Was für ein Sitzmöbel möchten Sie denn?
Für zwei oder drei Personen?"

So eine blöde Frage – ich bin doch alleine hier.
„Ich möchte einen schönen Sessel für mich alleine."
„Aha, also einen Single-Sessel. Die sind hier ..."

Ich finde einen Sessel, der mir gefällt.
Da sagt dieser Verkäufer-Zwerg mit frecher Stimme zu mir:
„Ihre Abhol-Nummer ist die 30C. Die müssen Sie sich merken."
Warum schreibt er mir die Nummer nicht auf?
Aber er dreht sich einfach um und geht weg.

Verdammt, ich muss mir schon so viele Nummern merken.
Meine Hausnummer. Meine Kontonummer.
Die Telefonnummer von Flik. Das ist mein Arbeitskollege.

Und was ist, wenn ich heute Abend meine Traum-Frau treffe?
Und sie gibt mir ihre Telefonnummer.
Und ich kann mir diese super-wichtige Nummer nicht merken.
Weil dieses „30C" mein Gehirn blockiert.
Ich marschiere stinksauer zum Abhol-Lager.

Zu Hause probiere ich dann meinen neuen Sessel aus. Er ist sehr bequem.
Jetzt muss ich nur noch diese blöde Nummer „30C" vergessen.
Zur Ablenkung mache ich den Fernseher an und wieder aus.

Ich spiele mit meinem Handy herum.
Plötzlich klingelt das Ding. Ich erschrecke mich erst mal. Wer ruft da an?

Es ist Phil Konrad. Oh nein, nicht dieser Blödmann!
Phil schuldet mir noch eine Menge Bier.
Er arbeitet beim Fernsehen und verdient gut.
Aber er hat nie Geld dabei.
Immer muss ich für ihn bezahlen.
Jetzt will er sich mit mir treffen.
„Hey, lass uns was trinken gehen. Ist doch Samstag-Abend."

Ich habe eigentlich keine Lust den zu sehen.
Ich versuche mich rauszureden.
„Nee, ich habe noch was zu tun. Ich fahre ja morgen in den Urlaub und so."
Aber Phil lässt sich nicht abwimmeln.
„Du fliegst doch erst morgen Nachmittag. Los, komm schon!"

Mist! Jetzt fällt mir keine andere Ausrede mehr ein.
Aber ausgehen ist vielleicht besser als alleine vor dem Fernseher zu hocken.

Ausgehen

Wir treffen uns in meiner Stammkneipe.
Phil hat einen hässlichen Anzug an. Mit einem grünen T-Shirt drunter.
Er ist total begeistert von seinem Aussehen.
„Das war ein Sonder-Angebot – für 550 Euro.
Toll, was?"
Ich denke genau das Gegenteil: Wie bescheuert er aussieht!
Und natürlich hat Phil wieder kein Geld dabei.
Er leiht sich sofort was von mir. Wie immer!

Wir trinken Bier und quatschen.
Leider habe ich Phil von einer Frau erzählt, die mir gefällt.
Sie arbeitet in so einem amerikanischen Kaffee-Laden.
Wo es tausend verschiedene Sorten Kaffee gibt.
Zum Beispiel mit Nuss-Geschmack. Oder anderen komischen Mischungen. Pfui Teufel!

Phil stellt mir jede Menge Fragen wegen dieser Frau.
„Hast du die schon mal angequatscht? Wieso nicht?
Worauf wartest du?"

Ich kann gar nicht so schnell antworten.

„Mach ich schon noch. Ich brauch Zeit. Ich geh nicht in den doofen Laden ..."

Ich mag diesen amerikanischen Kaffee-Laden nämlich nicht.
Der Kaffee schmeckt nicht. Man darf nicht rauchen.
Und immer sitzen da jede Menge Mütter mit schreienden Kindern.

Phil versteht mich nicht.
Er sagt: „Du sollst doch nur reingehen und die Frau anquatschen."

Wir streiten uns ein bisschen. Und trinken noch ein paar Biere. Alles wie immer.

Um Mitternacht bestellen wir ein Taxi.
Wir wollen noch woanders hingehen.
Ich bezahle natürlich alle Biere – auch die von Phil.
Obwohl ich ihm doch gerade Geld geliehen habe.
Ich bin so ein Idiot!

Stewardessen I

Wir fahren in eine Disco.
Phil hat versprochen, dass da zwei Mädchen auf uns warten.
Er kennt sie von einer Party und hat sich mit ihnen verabredet.

Bei der Disco geht Phil einfach rein. Den Eintritt für uns beide muss wieder ich bezahlen.
So ein Arschloch!

Drinnen ist schon richtig was los. Die Musik gefällt mir nicht so gut, aber egal.
Ich gehe direkt zur Bar, weil ich mich besaufen will. Die beiden Party-Mädchen stehen auch schon da. Sie heißen Katja und Petra. Beide arbeiten als Stewardessen.

Katja sieht sexy aus. So ähnlich wie eine Gangster-Braut aus einem Film.
Ich versuche mich mit ihr zu unterhalten. Das ist schwierig.
Sie guckt ständig in eine andere Richtung. Sie sagt immer nur: „Ja ... nein ... weiß nicht."
Ich ärgere mich, weil mir nichts zum Reden einfällt.
Dann sage ich etwas Blödes über Stewardessen.
Da kippt sie mir ihren Cocktail über den Kopf.

Auf der Toilette wasche ich mir das klebrige Zeug aus den Haaren.
Phil kommt rein und lacht mich aus. Und dann will er schon wieder Geld von mir:
„Kannst du mir noch mal was leihen? Hab alles ausgegeben."
Ich bin wirklich genervt und zische: „Verpiss dich!"

Kurz danach stelle ich mich an eine andere Bar und trinke Whiskey. Ich versuche Frauen anzumachen. Aber keine Chance! Warum mögen die mich nicht? Ich bin eigentlich ein toller Typ. Vielleicht ein bisschen dünn. Deswegen gehe ich jetzt ja zum Training in das Fitness-Studio. Ansonsten bin ich voll in Ordnung.

Nach einer Weile kommen Phil und die beiden Mädchen an meine Bar.
Katja entschuldigt sich bei mir wegen ihres Wutanfalls. Und Phil bezahlt ein paar Cocktails für uns mit SEINEM Geld. Was für eine Überraschung!

Jetzt wird es doch noch lustig bei uns. Wir trinken und rauchen und lachen.
Auch mit dem Unterhalten geht es jetzt besser.
Katja erzählt mir eine wilde Geschichte von ihrer Arbeit. Irgendwas mit einer Frau und Sex auf dem Flugzeug-Klo.

Ich bin schon ziemlich betrunken und glaube ihr den Blödsinn. Sie lacht mich aus und ich trinke weiter.

Um vier Uhr morgens macht Phil einen super Vorschlag:
„Wir fahren alle zu Simon nach Hause. Und rauchen eine Hasch-Zigarette."
Wieso sagt er so etwas? Ich habe gar kein Hasch zu Hause.

Dann kommt der Knaller:
Phil hat bei seinem letzten Besuch ein Stück Hasch bei mir versteckt.
Ich schreie ihn wütend an: „Bist du völlig bescheuert? Warum versteckst du das nicht bei dir zu Hause?"
Die Mädchen kichern sich halb tot über unseren Streit. Wir haben ja alle ziemlich viel getrunken.
Als ich mich wieder beruhigt habe, fahren wir in meine Wohnung. Zu viert.

Stewardessen II

In meiner Wohnung kennt sich Phil sehr gut aus. Er fragt nicht lange und nimmt den teuren Sekt aus meinem Kühlschrank. Die Mädchen freuen sich. Dann holt er das Hasch aus dem Versteck und dreht eine „Tüte". So nennt man eine Hasch-Zigarette.

Ich nehme einen viel zu tiefen Zug davon. Mir wird sofort schlecht.
Das Klo ist meine nächste Station. Da bleibe ich eine Weile und denke nach.

Als ich zurückkomme, hockt Phil mit der Petra auf dem Boden. Sie kichern wie kleine Kinder.
Der Fernseher läuft.
Katja sitzt halb schlafend auf der Couch. Sie ist auch ziemlich betrunken. Ich setze mich dicht neben sie. Vielleicht kann ich sie anmachen. Ich rücke noch ein Stück näher.

Plötzlich spüre ich die Wirkung vom Hasch.
Ich kann mich kaum bewegen. Meine Ohren sind wie zugestopft. Mein Mund geht auf und zu.
Aber kein Ton kommt raus.
Nach dem ersten Schreck stehe ich mühsam auf und gehe zum Fenster. Die frische Luft tut mir gut. Langsam geht es mir wieder besser.

Katja hat mich gerade irgendwas gefragt.
Ich habe nur ein paar Worte verstanden:
„Ich ... übernachten ... U-Bahn weg ...“

Das ist meine Chance!
Ich sage ganz locker: „Na klar kannst du hier übernachten. Gar kein Problem.“
Ich denke aber: „Vielleicht klappt das ja doch noch mit dem Sex. Wenn sie erst mal in meinem Bett liegt.“

Katja gibt mir einen kleinen Kuss und geht ins Bad. Ich bleibe noch sitzen und gucke ein bisschen Fernsehen.
Da läuft gerade eine Verkaufs-Sendung mit tollen Sachen. Zum Beispiel einem Modell-Hubschrauber. Den will ich haben.
Ich sehe Phils Geldbeutel auf dem Tisch liegen und gucke rein. Das ist nicht wahr – Phil hat eine goldene Kreditkarte! Und bei mir leiht er sich dauernd Geld.
Ich rufe bei dem Verkaufs-Sender an und bestelle ein paar Sachen.
Phil hat nichts gemerkt. Er liegt mit der Petra auf dem Boden und knutscht rum.

Da fällt mir ein: In meinem Bett liegt ja auch eine Frau.

Ich putze mir schnell die Zähne und schleiche ins Schlafzimmer.

Aber was ist denn hier los?
Katja liegt in der Mitte vom Bett und schläft.
So ein Mist!
Ich höre immer lautere Geräusche aus dem Wohnzimmer. Phil und Petra haben jetzt wohl auch noch Sex.
Und ich muss mich auf den Rand von meinem Bett quetschen.
Neben eine sexy Stewardess, die tief und fest schläft.

Natürlich fasse ich sie nicht an. Weil ich so ein netter Typ bin.
Ich drehe mich auf dem Bett-Rand hin und her.
Ich träume von der Abhol-Nummer „30C".

Irgendwann höre ich die anderen gehen.
Da stehe ich auf und packe meinen Koffer.
Morgen fliege ich nämlich in den Urlaub.

Urlaub

Ich bin im Urlaub auf den Kanaren.
Für eine Woche im Single-Club habe ich sehr viel Geld bezahlt. Nämlich genau 899 Euro.
Die Idee mit dem Single-Club hatte natürlich Phil.
Der hat mir erzählt: „Da kannst du jeden Abend eine andere Frau im Bett haben."

Tja, heute ist mein letzter Urlaubstag. Und bis jetzt habe ich noch gar keine Frau kennengelernt. Was ist bloß mit mir los? Hoffentlich passiert da heute Abend noch was.

Bei Kerzenlicht sitze ich an der Bar.
Direkt neben dem Swimming-Pool und der Tanzfläche.
Hier findet alles draußen statt wegen dem warmen Wetter.

Ich gucke mir die anderen Gäste an.
Ein Mann aus Hessen regt sich über seine brasilianische Freundin auf.
Wie die tanzt. Wie die mit dem Hintern wackelt.
Sie hat immer neue Tanzpartner. Gerade ist der Tennislehrer vom Club dran.

Ich frage den Hessen, warum er nicht mit ihr tanzt.

„Ich kann nicht tanzen. Ich bin zu unbeweglich."
„Sagt wer?"
„Na, meine Freundin."

In dem Augenblick kommt sie an den Tisch und sagt in frechem Ton:
„Gib mal deine Club-Kreditkarte." Aha, sein Geld mag sie also.
Sonst wäre sie sicher nicht mit so einem langweiligen Typen zusammen. Er gibt ihr seine Kreditkarte und sagt kein Wort.

Aber er beobachtet sie weiter mit eifersüchtigen Augen.
Kurz darauf rast er auf die Tanzfläche.
Er schüttet dem Tennislehrer seinen Cocktail ins Gesicht. Was soll denn der Blödsinn?
Na ja, die Brasilianerin hat ziemlich eng mit dem Tennislehrer zusammen getanzt. Das stimmt schon.
Aber ein Mann sollte sich richtig prügeln, wenn es um eine Frau geht.
Und nicht den Clown spielen.
Jetzt schreit sie auch noch rum, weil ihr Freund sich so blöd benimmt. Dann zieht sie ihn am Ohr weg.
Die sind ja beide so peinlich!

Und nun? Sitze ich wieder alleine an der Bar.
Mit Bier Nummer vier.

Alle anderen Singles haben jemanden gefunden.
Nur ich hänge blöd rum. Ganz alleine.
Und kipp mir Bier und Whiskey rein.
Was soll ich auch sonst tun?

Aneta

Aus dem Club-Theater kommen viele gut gelaunte Gäste.
Auch unsere Animateurin ist dabei. Sie heißt Aneta und trägt ein enges Katzen-Kostüm.

Heute Morgen hat sie mich voll angeschrieen.
Weil ich zu weit rausgesegelt bin.
Sie musste mich mit dem Motorboot retten.
Da trug sie einen engen Schwimmanzug.
Warum tragen Frauen immer so enge Sachen?
Die machen uns Männer ganz verrückt.

Wir quatschen ein bisschen. Dann sagt sie plötzlich:
„Hast du Lust, ein Glas Wein bei mir zu trinken?"

Habe ich richtig gehört? Die sexy Aneta lädt mich zu sich ein?
Ich antworte: „Na klar. Welche Zimmernummer hast du?"

Aneta geht duschen. Ich setze mich noch mal an die Bar.
Da hockt auch ein Kollege von Aneta.
Wir unterhalten uns.
Ihr Kollege ist erstaunt, dass sie mich eingeladen hat.
Er sagt: „Sie trifft sich sonst nie mit Gästen."

Dann gibt er mir noch einen Tipp:
Ich soll es mit der Anmache nicht übertreiben.
„Die Aneta hört ja bald hier auf. Sie ist von diesen dummen Anmach-Sprüchen total genervt."
Und er erzählt mir, dass sie nach Köln zieht.
Da wohne ich doch auch!

Ich habe sofort verrückte Gedanken in meinem Kopf.
Aneta und ich zusammen in Köln!
Das Treffen mit ihr darf ich auf keinen Fall vermasseln.

Und da fängt das Problem schon an.
Ich hatte so lange keinen Sex mehr.
Ich kann mich nachher vielleicht nicht beherrschen.

Da kommt mir eine super Idee.
Ich gehe in mein Zimmer und lasse das Rollo herunter.
Dann schalte ich den Fernseher ein. Ich suche den Sender mit der tollen Werbung.
Da flüstern halbnackte Frauen dem Zuschauer zu:
„Ruf mich an!"
So was macht uns Männer ganz heiß.

Eine Viertelstunde lang schaue ich mir das Programm an und fummele an mir selber rum.
Jetzt bin ich entspannt und kann zu Aneta gehen.
Ich bin trotzdem ein bisschen nervös.
Aneta sitzt auf einem winzigen Balkon.

Sie hat ein winziges Oberteil an.
Das sieht sehr sexy aus. Aber ich bin ja ganz entspannt.

Wir trinken Wein und reden und lachen.
Ich habe das Gefühl, dass sie mich auch mag.

Mein Plan ist:
Ich werde mich bald mit einem Küsschen von ihr verabschieden.
Und ihr meine Adresse in Köln geben.
Weil ich so ein toller Kumpel-Typ bin. Und nicht so ein doofer Anmacher.

Und dann sagt sie plötzlich: „Simon, ich will mit dir schlafen. Jetzt!"

Ich bin schockiert. Wieso jetzt? Wieso hier?
Mit quiekender Stimme frage ich: „Du ziehst doch nach Köln, oder?"

Aneta antwortet: „Ja, sobald mein Freund eine Wohnung gefunden hat."

Oh nein, jetzt ist mein ganzer Plan durcheinander.
Sie hat einen Freund!
Was mache ich jetzt???
Aneta macht erst mal, was sie will: Sie zieht mich ins Schlafzimmer.

Ich wehre mich nicht.
Ich liege auf dem Bett. Wie eine leblose Puppe.
Aneta versucht alle möglichen Sex-Tricks.
Aber bei mir passiert heute nichts mehr da unten zwischen den Beinen.

Ich entschuldige mich bei ihr: „Tut mir leid. Das ist nicht deine Schuld."
Sie antwortet: „Macht nichts."
Sie umarmt mich. Es war wohl nur ein Spiel für sie.
Dann muss ich gehen.

Später an diesem Abend hocke ich mit einem Cocktail am Strand.
Da sitzt auch der dumme Hesse von vorhin. Er ist total betrunken.
Seine brasilianische Freundin hat mit ihm Schluss gemacht.

Ich sage zu ihm:
„Wir können zu den gefährlichen Felsen segeln.
Dann knallen wir dagegen und haben keine Probleme mehr."

Solche Gedanken hat man nur, wenn man betrunken ist.
Und wenn man zu doof ist, mit einer Frau Sex zu haben.

Lala

Als ich vom Urlaub nach Hause komme, bügelt Lala gerade meine Hemden.
Lala ist meine Putzfrau. Sie ist ungefähr 40 Jahre alt und kommt aus Kroatien.

Sie freut sich, mich zu sehen.
„Hallo, Simon. Du bist so braun geworden!"
Dann fragt sie: „Warum war deine Wohnung letzte Woche so schmutzig? Hast du eine Party gehabt?"

Ich antworte: „Ja, ich hatte ein paar Leute zu Besuch. Und dann hatte ich keine Zeit mehr zum Aufräumen. Warum willst du das wissen?"

Lala ist verlegen. Sie sagt: „Dein Bett war so zerwühlt."

Ich denke an die Stewardess Katja, die hier übernachtet hat.
Das geht Lala aber nichts an. „Das war eine Bekannte von mir."

Lala freut sich über meine Antwort.
„Du hast also keine neue Freundin?"
„Nein, habe ich nicht."

Lala plappert weiter: „Ich kenne eine nette Frau.

Ich putze auch für sie. Vielleicht gefällt sie dir."

Ich will Lala gerade fragen, wie die Frau so ist.
Da klingeln unsere Handys. Wir werden abgelenkt.
Dann ist Lala plötzlich weg.
Und ich weiß nichts über diese Frau.

Eine Woche später legt Lala mir ein Foto hin.
Und sie hat einen Namen und eine Telefonnummer aufgeschrieben.

Die Frau heißt Dörte.
Das ist ein sehr komischer Name. Soll ich mit dieser Frau ausgehen?

Ich schreibe ihr erst mal eine SMS: „Lala sagt, wir müssen heiraten. Kann ich vorher mal mit dir reden?"

Ich finde die Nachricht witzig. Wir kennen uns ja noch gar nicht. Und dann gleich „Heiraten"! Ob Dörte auch darüber lachen kann?

Oh nee, blöder Fehler: Jetzt muss ICH auf ihre Antwort warten. Mist aber auch!
Ich renne in meiner Wohnung rum. Ich räume Sachen hin und her.
Ich gucke mir den Plan von meinem Fitness-Studio an.

Da piept das Handy. Dörte hat geschrieben:
„Ruf mich an! D."

So ein Befehls-Ton gefällt mir nicht. Ich schreibe zurück: „Ruf DU mich doch an!"

Dann fahre ich zu meinem Fitness-Studio.

Fitness-Studio

Ja, ich gebe es zu: Ich habe nicht aufgepasst bei dem Mitglieds-Vertrag.
Das Fitness-Studio sah so toll aus von außen.
Mit modernen Sport-Geräten und schick eingerichtet.

Ich habe zu spät gemerkt, warum das so ist.
Hier trainieren fast nur schwule Männer.
Leider gilt der Vertrag für die nächsten zwei Jahre.
Ich kann nicht kündigen.
Das hat mir der Studio-Leiter Sascha gesagt.
So ein Mist!

Jetzt stehe ich in der Umkleide-Kabine und lege meine Sachen in das Schließ-Fach.
Das Abschließen der Fächer geht hier elektronisch.
Dafür muss ich mir schon wieder eine Nummer merken.
Das nervt allmählich mit diesen Nummern!
Ich habe immer noch dieses doofe „30C" vom Möbelhaus in meinem Kopf.

Neben mir zieht ein Riesenkerl ein sehr enges T-Shirt an.
Ich nenne ihn „Popeye", weil er so viele Muskeln hat.
Er sieht gefährlich aus.

Aber er ist ganz nett. Wir unterhalten uns und machen Witze.

Dann gehe ich zu meinem Sport-Kurs. Außer der Trainerin ist keiner da.
Ich bin wohl der einzige Teilnehmer. Och nee, auf Einzel-Training habe ich keine Lust!
Trotzdem fängt die Trainerin gleich mit den Übungen an.
Kurze Zeit später liege ich ohnmächtig auf dem Boden. Die Übungen waren zu schwer für mich.
Ich habe ja lange keinen Sport gemacht.

Als ich wieder aufwache, hält Popeye meine Hand.
Hilfe, was will der von mir?
Natürlich gar nichts. Er wollte nur helfen. Ich ziehe meine Hand trotzdem weg.

Die Trainerin lacht mich aus und sagt:
„Am besten gehst du erst mal spazieren. Das ist nicht so anstrengend. Dann kannst du wieder zum Training kommen."

Ich schleiche zurück in die Umkleide-Kabine.
Ich schäme mich.
Das war ja eine peinliche Sache mit dem Umfallen.

Da piept mein Handy.

Eine neue Nachricht von Dörte.
Sie will sich mit mir in einem Supermarkt treffen.
Schon in einer Stunde!

Ich habe nicht mehr viel Zeit zum Duschen
und Umziehen.
Und jetzt bin ich schon wieder nervös.

Dörte

Ich warte im Supermarkt auf diese Dörte. Ich bin frisch geduscht und pünktlich.
Sie kommt erst kurz vor Ladenschluss angerannt.
Sie ist sehr hektisch.

Dann macht sie auch noch einen komischen Vorschlag:
„Am besten kaufen wir was ein und kochen.
Du wohnst doch in der Nähe, oder?"

Ich höre wohl nicht richtig. Wir kennen uns doch kaum.
Aber sie zieht mich schon vor das Nudel-Regal.
Dann soll ich noch Lachs holen.
Sie fragt mich, ob ich Wein zu Hause habe.
Also, mir gefällt diese Sache gar nicht – bei mir kochen und so.

Zehn Minuten später stehen wir trotzdem in meiner Küche.
Dörte plappert die ganze Zeit dummes Zeug:
„Du musst Salz und Öl ins Wasser tun. Sonst werden die Nudeln nix. Und die Teller müssen warm sein."

Die Frau nervt mich. Sie lacht auch viel zu laut.

Ich fange an zu überlegen, wie ich sie loswerden kann.

Erst mal das helle Licht im Wohnzimmer anmachen und die Kerzen ausblasen. Ich will jetzt keine Kuschel-Stimmung mehr.

Beim Essen erzählt sie was über ihre Arbeit.
Langweilig!
Dann fragt sie, was ich so beruflich mache.
Erst sage ich: „Ich bin arbeitslos und habe viele Schulden."

Dörte lacht wieder sehr laut. Sie denkt, ich mache einen Witz.
Dann sage ich, dass ich eine Firma gründen will.
Diese Lüge glaubt sie mir.
Jetzt will sie einen Geschäfts-Plan für mich machen.

Ich werde noch wahnsinnig! Ich muss sofort hier raus.
Dörte lässt sich überreden, in eine Kneipe zu gehen.
Sie stellt mir doofe Fragen zu meiner „Firma".
Und tippt auf ihrem Computer rum.

Wie werde ich diese Frau bloß los?

Da passiert ein Wunder:
Die Tür geht auf und Popeye kommt herein.
Mein allerbester Sports-Freund!
Er setzt sich zu uns. Ich bestelle ihm ein Bier.

Ich erzähle Dörte von meiner Ohnmacht im Fitness-Studio.
Und wie Popeye mir geholfen hat.
Wie er meine Hand gehalten hat.

Jetzt denkt sie, dass ich schwul bin.
Sie packt ihren Computer ein. Dann geht sie enttäuscht nach Hause.

Ich werde nie wieder etwas von ihr hören. Juchhu!

Arbeit I

Ich mag meine Arbeit im Telekom-Laden nicht
besonders.
Die Kunden nerven mich oft mit ihren
doofen Fragen.
Zum Beispiel: „Kann ich bei Ihnen ein Internet
kaufen?"
„Nein, das ist leider ausverkauft."
„Können Sie das nachbestellen? Ich möchte gerne
so ein Internet haben."

Meine Chefin ist nur ein bisschen älter als ich.
Sie ist eigentlich ganz attraktiv.
Nur ihre Haare sind immer so verklebt mit
Haar-Gel.
Und sie sieht aus wie eine Eule mit ihrer
Riesenbrille.
Ich frage mich, ob sie sich absichtlich
hässlich macht.

Wir sind in ihrem Büro. Sie schimpft mal wieder
mit mir.
Weil ich einem achtjährigen Mädchen ein Handy
mit Vertrag verkauft habe.
In Deutschland dürfen aber nur Erwachsene einen
Vertrag unterschreiben.
Also ab 18 Jahren!

Die Eulen-Chefin hat Angst, dass die Eltern von dem Mädchen Ärger machen.
Ich soll das Handy und den Vertrag zurückholen.
Sonst habe ich Ärger mit der Haupt-Zentrale.

Sie redet und redet. Ich schaue aus dem Fenster.
Auf der anderen Straßen-Seite ist dieser amerikanische Kaffee-Laden.
Ich sehe meine Traum-Frau bei der Arbeit.
Mein Kopf ist voller verrückter Gedanken:
Wir heiraten. Wir haben Kinder. Wir wohnen in einem tollen Haus im Süden.

Meine Chefin ist sauer.
„Hör doch mal zu, was ich sage. Ich will dir doch nur helfen."
Als sie endlich mit ihrem Gemecker fertig ist, habe ich schlechte Laune.

Ich gehe erst mal in unseren Aufenthalts-Raum.
Da steht viel schmutziges Geschirr rum. Und fast alle Stühle sind kaputt.
Das ist Fliks Schuld. Mein Arbeitskollege ist sehr dick. Das halten die Stühle nicht aus.

Ich trete gegen einen Stuhl, weil ich so schlecht gelaunt bin.
Was ist los mit meinem Leben?

Doofe Arbeit, keine Freundin, kein Sex – und müde bin ich auch.
Ich mache Kaffee zum Wachwerden und rauche eine Zigarette.

Als Flik reinkommt, beschwert er sich über den Rauch. Er jammert eben gerne.
„Du, musst du unbedingt hier drin rauchen? Mir wird schlecht, wenn ich so was morgens riechen muss."

Er will wissen, wie mein Treffen mit Dörte war.
Ich lüge ihn an: „Ja, die Frau war echt heiß. Toller Sex und so."

Dann erzählt er mir von einer Frau, die er kennengelernt hat.
Sie heißt Daniela und geht in seinen Spanisch-Kurs.

Ich bin sauer. Die Welt ist doch total verrückt.
Wieso schafft es der dicke Flik, eine Freundin zu haben?
Ich will ihn ärgern und sage:
„Da musst du aber aufpassen mit deinem dicken Bauch. Sonst zerquetscht du deine neue Freundin beim Sex."

Warum bin ich so gemein zu ihm?

Ich habe nicht so viele Freunde.

Trotzdem nimmt er mich abends mit zum
Fußball-Spiel ins Stadion.

Arbeit II

Also, dieser Ausflug ins Fußball-Stadion war keine gute Idee.
Ich habe keine Ahnung von Fußball. Und ich bin auch kein Fan von Schalke.
Das ist ein bekannter Fußball-Verein mit blau-weißen Farben. Fliks Lieblings-Verein.

Flik hat also zwei Freikarten bekommen.
Für die Promi-Lounge. Das ist ein extra Raum mit Balkon. Hoch oben über den anderen Sitzplätzen.
Da kommen nur eingeladene Gäste rein.

Alle Leute hier sind schick angezogen.
So mit Anzug und Krawatte.
Die Frauen tragen viel Schmuck.
Nur Flik und ich sitzen da in unseren blau-weißen T-Shirts.
Wir sehen ein bisschen komisch aus zwischen diesen feinen Leuten.
Das einzig Gute ist, dass es Essen und Trinken umsonst gibt.

Flik wird plötzlich nervös und wackelt mit seinem Kopf hin und her.
Neben uns sitzt ein Mann mit grauen Haaren.
Er unterhält sich mit einer jungen Frau und raucht

dabei. Dauernd pustet er den Rauch in unsere Richtung.

Ich will Flik einen Gefallen tun. Weil ich heute Morgen so blöd zu ihm war.
Also sage ich zu dem Mann: „Können Sie den Rauch woanders hin pusten? Meinem Freund wird sonst schlecht."

Flik wird knallrot und winkt mich auf den Flur.
„Bist du total verrückt? Das ist der Vereins-Manager.
Der kann doch rauchen, wo er will."
Wir streiten eine Weile und trinken Bier.

Als das Spiel anfängt, suchen wir uns gute Plätze.
Bald ist Flik nicht mehr so gut gelaunt.
Die Mannschaft spielt heute nicht besonders toll.
Ich trinke immer mehr Bier und langweile mich.

Nach einer Weile gehe ich wieder in die Lounge.
Da ist außer mir kein Mensch. Aber Kaffee und Kuchen stehen dort.
Der Kuchen ist mit blauer und weißer Farbe verziert und sieht aus wie ein halber Fußball.
Ich nehme mir Kaffee und Kuchen und setze mich auf ein bequemes Sofa.
Der Kuchen schmeckt super-lecker. Ich nehme mir noch ein Stück.

Nach und nach kommen die anderen Leute wieder herein. Das Spiel ist wohl vorbei.
Leider wird es jetzt unangenehm: Der Kuchen ist die Geburtstags-Überraschung für den Manager. Und da fehlen die beiden verzierten Stücke, die ich schon gegessen habe.
Alle gucken mich böse an.
Wir müssen sofort gehen. Flik ist natürlich sauer auf mich.

Auf der Rückfahrt fällt mir dieser Handy-Vertrag wieder ein.
Ich muss zu diesem achtjährigen Mädchen fahren und das Handy wiederholen.

Bei der Familie macht niemand die Tür auf. Da ist wohl keiner zu Hause.
Ich schleiche um das Haus herum und klettere durch eine offene Balkontür.
Im Haus wähle ich die Nummer von dem Handy. Wenn es klingelt, finde ich es schneller.
Ich habe Glück. Das Handy liegt zusammen mit dem Vertrag auf einem Schreibtisch.
Ich nehme beides mit und verlasse das Haus.

Das hat doch prima geklappt!

Phil

Phil will sich schon wieder mit mir treffen.
Natürlich in diesem amerikanischen Kaffee-Laden.
Sein Plan ist, dass ich endlich meine Traum-Frau anquatsche.

Als wir reingehen, sagt Phil:
„Für mich einen Grande Latte und ein Cajun-Chicken-Sandwich."
Ich weiß nicht, was das sein soll. Irgend so ein amerikanisches Zeug.
Warum können diese Kaffee-Läden keine einfachen deutschen Wörter benutzen?

Jetzt stehe ich also am Tresen und stottere herum wie ein Voll-Idiot.
„Ja, also, ich will einen Kaffee."
„Was für eine Sorte möchten Sie denn?"
„Na, einen normalen Kaffee."
„Und in welcher Größe?"
Ich bin sehr froh, dass meine Traum-Frau viel Geduld hat.
Und mich anlächelt, obwohl ich so einen Blödsinn rede.
Ihre Stimme klingt gut. Sie trägt auch ein Namens-Schild.
Jetzt weiß ich endlich, wie sie heißt: Marcia P. Garcia.

Als ich bezahle, lächelt sie mich noch einmal an.
Ich bin total glücklich.
Findet sie mich vielleicht auch interessant?

Leider macht Phil die gute Stimmung gleich wieder kaputt.
„Ich habe eine Rechnung bekommen. Von meiner Kreditkarten-Firma.
Da hat jemand Sachen bestellt mit meiner Kredit-Karte.“

Ja, ich weiß. Das war der Abend mit den Stewardessen.
Da habe ich bei einem Verkaufs-Sender im Fernsehen angerufen.
Weil ich so sauer auf Phil war.
Er leiht sich immer Geld und zahlt nichts zurück.
Ich wollte ihn mit der Bestellung ärgern.

Jetzt versuche ich erst mal abzulenken.
„Also, ich hab keine Ahnung. Vielleicht hast du die Karte mal verloren und da hat jemand ...“

Phil unterbricht mich: „Die Lieferung ging an DEINE Adresse.“

Okay, diese Lüge hat nicht geklappt.
Das heißt, ich muss das Geld zurückzahlen.
Blöder Mist!

Nach diesem unangenehmen Treffen mit Phil gehe ich zur Arbeit zurück.
Ich bediene ein paar Kunden und schleiche mich dann raus.
Ich muss nachdenken.
Jetzt weiß ich also, wie meine Traum-Frau heißt.
Aber wie soll ich sie kennenlernen?

Ich brauche jemanden mit guten Ideen.
Da fällt mir Paula ein.

Paula

Paula ist eine gute Bekannte von mir.
Sie hatte schon viele Freunde.
Sie kennt sich mit Beziehungs-Problemen aus.

Ich rufe sie an. Leider hat sie nicht viel Zeit.
Sie hat sich gerade eine Karte für die Sauna gekauft.
Jetzt muss ich sie dort treffen.

Sauna – da sitzt man nackig in einem heißen Raum aus Holz.
Und dann springt man unter eine kalte Dusche.
Das soll gut für die Gesundheit sein.

Na ja, ich finde das alles ziemlich bescheuert.
Aber ich brauche Paulas Hilfe.

Paula hat mir eine SMS geschrieben: „Ich bin im Ruhe-Raum."
Ich kenne mich in der Sauna nicht aus und fange an zu suchen.
Unterwegs mache ich eine kleine Pause in einem anderen Raum.
Da kann man sich ins warme Wasser legen und Musik hören.
Das tut wirklich gut.
Bis ich mit einem dicken Mann zusammenstoße.

Der fängt an zu schimpfen.
Ende der Entspannung.

Ich frage einen Sauna-Angestellten, wo der Ruhe-Raum ist.
Da liegt Paula in einem rosa Bademantel.
Leider können wir hier nicht reden.
Wir gehen also in einen heißen Sauna-Raum zum Quatschen.

Paula will die ganze Geschichte hören. Von mir und meiner Traum-Frau.
Und dann sagt sie, ich soll mich erst mal beruhigen.
Aber ich bin immer aufgeregt, wenn ich an meine Traum-Frau denke.

Paula verlässt den Sauna-Raum, um sich abzukühlen.
Ich bleibe noch einen Moment sitzen.
Was redet Paula für einen Quatsch? Ich soll mich beruhigen!

Als ich den Sauna-Raum verlassen will, bekomme ich fast einen Schock.
Vor der Tür steht eine nackte Frau, die ich kenne:
Meine Traum-Frau Marcia!
Sie steht da und unterhält sich mit jemandem.
Sie ist wunderschön.

Was mache ich jetzt bloß?
Ich krieche in die hinterste Ecke des Sauna-Raums.
Ich kann da nicht rausgehen.
Mit meinem dünnen weißen Körper.
Ohne Muskeln.
Und ohne Selbst-Bewusstsein.
Dann stottere ich wieder rum wie ein Voll-Idiot.

Mir ist schlecht. Mir ist heiß.
Und heißer. Und noch heißer.

Die Angestellten holen mich raus, bevor ich in Ohnmacht falle.
Ich hoffe, dass Marcia mich nicht gesehen hat.

Später sitze ich mit Paula an der Bar.
Ich trinke eine Apfelschorle nach der anderen.
Damit ich wieder abkühle.
Wir reden wieder über meine Traum-Frau.

Paula ist genervt und sagt schon wieder: „Beruhig dich erst mal.“
Dann bezahlt sie für mich und fährt weg.

Das war ja eine tolle Hilfe.
Ich gehe in meine Stammkneipe und besaufe mich.
Wie immer!

Keine Lust

Am nächsten Morgen wache ich mit
Kopfschmerzen auf.
Das kommt vom vielen Trinken.

Ich habe keine Lust aufzustehen. Und auch keine
Lust zu arbeiten.
Also bleibe ich im Bett liegen und gucke Fernsehen.
Kurz vor 10 Uhr rufe ich bei den Kollegen an.
Ich sage, dass ich krank bin.
Das ist natürlich eine Lüge. Aber heute ist mir
alles egal.

Ich liege im Bett und denke über mein Leben nach.
Das Wort „nicht" kommt in meinen Gedanken
häufig vor.
Ich mag den amerikanischen Kaffee-Laden - nicht.
Ich mag meine Arbeit - nicht.
Ich mag mein Single-Leben - nicht.
Was mag ich eigentlich?

Ich versuche Paula anzurufen.
Sie hat ihr Handy ausgeschaltet.
Ich schicke ihr eine SMS: „Hilfe!"
Dann schlafe ich ein.
So vergeht der Tag.

Abends ist mir langweilig.
Ich schreibe eine SMS an Flik:
„Wollen wir was trinken gehen?“
Er ist einverstanden. Wir treffen uns in einer Kneipe.

Aber Flik erzählt nur von seiner neuen Freundin Daniela.
Wie nett sie ist. Wie gut sie zusammen reden können. Wie sie zusammen lachen.
Ich will das gar nicht hören.
Ich bin wütend auf Flik, weil ich mich jetzt noch schlechter fühle.
So allein und ohne Freundin.
Nachdem ich ihn angeschrien habe, haue ich einfach ab.

Ich habe ziemlich viel Bier getrunken.
In meinem betrunkenen Kopf habe ich verrückte Ideen.
Ich werde jetzt zu dem Kaffee-Laden gehen und Marcia ansprechen.
Ja, das tue ich jetzt!

Da ruft Paula auf dem Handy an.
Sie sagt: „Geh nach Hause und mach keinen Quatsch.“
Sie will später mit mir über einen Plan reden.
Wie ich Marcia kennenlernen kann.

Ich sage zu Paula: „Ja ja, ich gehe nach Hause."

Aber ich mache das Gegenteil.
Ich folge Marcia heimlich.
Ich will wissen, wo sie wohnt.
In ihrem Haus geht das Licht im zweiten Stock an.
Marcia macht das Fenster auf.
Dann höre ich Musik. Das Lied kenne ich. Das war mal mein Lieblings-Lied.

Ich setze mich auf eine Mauer vor ihrem Haus.
Ich träume von ihr.
Ich schlafe ein.

Mitten in der Nacht klingelt mein Handy.
Paula ist dran. Sie ist sauer, weil ich nicht zu Hause bin.
Aber sie holt mich mit dem Auto ab.
Wir trinken noch ein Bier zusammen und reden.
Wir machen einen Plan, wie ich Marcia kennenlernen kann.

Na endlich!

Plan I

Marcia mag also die Fantastischen Vier.
Die hat sie gehört, als ich vor ihrem Haus saß.
Und so ein Zufall: Am Samstag gibt es hier in Köln ein Konzert mit dieser Band.
Also kaufe ich zwei Karten.

Jetzt kommt der wichtige Teil vom Plan:
Ich gehe in den Kaffee-Laden, wo Marcia arbeitet.
Ich bestelle einen Kaffee. Ganz ruhig und lässig.
Beim Bezahlen fällt zufällig eine Konzert-Karte aus meine Tasche.

Marcia sieht die Karte und ist ganz aufgeregt.
„Oh toll, Fanta Vier. Gehst du da hin?“
Ich antworte: „Ja, ich freue mich da schon seit Wochen drauf. Gehst du auch?“
Sie sagt: „Nee, die Karte ist mir zu teuer.“

Ich tue so, als ob ich überlege.
Paula hat gesagt, dass so eine kurze Warte-Pause gut für den Plan ist.
Dann schenke ich Marcia die Karte.
Sie bedankt sich mit einem strahlenden Lächeln.

Ich setze mich ganz cool in einen Sessel und trinke meinen Kaffee.

Marcia bringt mir noch ein Stück Kuchen.
Sie fragt mich, ob wir uns beim Konzert sehen.
Wir verabreden uns am Eingang.

Juchhu – der erste Teil vom Plan hat geklappt!
Ich bin so glücklich.

Leider ist heute erst Freitag.
Ich muss noch einen ganzen Tag warten.
Dann werde ich Marcia auf dem Konzert treffen.

Aber erst mal habe ich Ärger.
Flik hat mich heute Mittag total angebrüllt.
Er ist wirklich sehr selten wütend.
Aber alle meine Freunde machen sich Sorgen.
Ich lüge andauernd. Ich trinke zu viel.
Und diese Bestellung mit Phils Kredit-Karte.
Und der Einbruch wegen dem Handy.
Und dann noch diese Sache nachts wegen Marcia.

Deshalb wollen Paula, Phil und Flik heute Abend mit mir reden.
Bei mir zu Hause. Damit ich keine Ausrede habe.
Flik verzichtet sogar auf seinen Spanisch-Kurs.

Aber ich habe keine Lust auf so ein Gerede.
Ich werde einfach nicht zu Hause sein.

Daniela

Es ist Freitagabend.
Meine Freunde wollen mich ja heute Abend besuchen.
Aber ich bin nicht zu Hause.

Nein, ich hatte eine bessere Idee:
Ich gehe zu dem Spanisch-Kurs von Flik.
Und schaue mir seine neue Freundin Daniela an.

Der Kurs findet in einem spanischen Lokal statt.
Als ich reinkomme, sitzen da außer Daniela noch zwei Männer.
Sie sind mit ihren Lehr-Büchern beschäftigt.
Und sehen total langweilig aus.

Daniela ist wirklich nett und sieht auch ganz gut aus.
Ich stelle mich mit einem falschen Namen vor:
„Hallo, ich bin Nils."
Daniela soll nicht wissen, dass ich ein Freund von Flik bin.
Ich bin ja heimlich hier, um sie anzugucken.

Ein paar Minuten später kommt der Lehrer.
Er quatscht mich gleich auf Spanisch an.
Ich verstehe natürlich nichts. Aber das ändert sich schnell.

Am Ende der Stunde kann ich schon ein paar Sätze sagen.
Der Lehrer lobt mich. Ich fühle mich toll.

Nach dem Kurs trinken der Lehrer, Daniela und ich noch Rotwein an der Bar.
Ich schaue vorsichtig auf mein Handy. Da sind Nachrichten von Paula und Flik.
Ich muß aufpassen. Flik kommt vielleicht noch hier vorbei wegen seiner Daniela.
Und dann gibt es Ärger.

Nach einem Glas geht der Lehrer nach Hause.
Ich sitze mit Daniela allein an der Bar. Wir lachen viel.
Ich frage sie nach den anderen Leuten im Kurs.
Jetzt muss sie was über Flik sagen.
„Dieser Flik ist ganz nett. Nicht so lustig wie du.
Aber ganz nett.“

Das hört sich nicht so gut an.
Daniela fängt jetzt an, mit mir zu flirten.
Obwohl sie doch Fliks Freundin ist.
Das finde ich auch nicht so toll.

Ich interessiere mich nicht für sie.
Ich habe doch meine Verabredung mit Marcia.
Morgen Abend auf dem Konzert werde ich meine Traum-Frau treffen.

Warum gehe ich nicht nach Hause?
Warum sitze ich immer noch mit Fliks Freundin an der Bar?
Und warum gehen wir danach noch in eine andere Bar?

Vielleicht haben meine Freunde recht:
Ich bin ein Voll-Idiot!

Plan II

Heute ist endlich Samstag.
Heute Abend treffe ich Marcia auf dem Konzert.

Ich habe alles genau geplant.
Lala macht die ganze Wohnung sauber.
Frische Bettwäsche. Sauberes Badezimmer.
Neue Kondome neben dem Bett.
Die habe ich natürlich hingelegt, nicht Lala.

Es ist elf Uhr morgens und ich bin im Fitness-Studio.
Ich will auch gut aussehen und Marcia gefallen.

Ich hebe ein paar Gewichte.
Erst geht alles gut. Ich zähle mit: „Eins ... zwei ... drei ...“
Bei „dreizehn“ fangen meine Arme an zu zittern.

Da höre ich neben mir die Stimme von Popeye:
„Du musst an Sex denken. Und richtig atmen.“
Aha, guter Tipp.
Ich stelle mir also vor, dass ich mit Marcia Sex habe.
Damit schaffe ich es bis „achtzehn“.
Dann kann ich die Gewichte nicht mehr halten.

Popeye grinst und sagt: „Nicht schlecht.“
Ich erzähle ihm, dass ich heute Abend meine
Traum-Frau treffen werde.

Und ich dafür noch ein bisschen trainieren wollte.
Mein Sports-Freund Popeye gibt mir dann noch einen tollen Tipp:
Ich soll wenig trinken. Dann kann man die Muskeln nach dem Training besser sehen.
Super, das werde ich machen.

Nach dem Fitness-Training treffe ich mich mit Paula. Sie soll mir noch ein paar Tipps für heute Abend geben. Damit ich mit Marcia alles richtig mache.
Erst mal schimpft sie natürlich mit mir.
Weil ich gestern Abend nicht zu Hause war.
Und alle umsonst gewartet haben.
„Simon, wir wollen dich doch nicht ärgern. Wir machen uns Sorgen. Wenn dir deine Freunde egal sind, sag es einfach. Dann lassen wir dich in Ruhe."

Sie fragt mich auch, ob ich schon mit Flik gesprochen habe.
„Ich glaube, der hat Probleme mit seiner Freundin Daniela. Ruf ihn doch mal an."
Ich sage: „Ja, mache ich."
Ich denke: Aber sicher nicht heute!

Zu Hause werde ich wieder nervös.
Was soll ich anziehen? Wann treffen wir uns?
Soll ich besser zu Hause bleiben?

Ich gucke in den Spiegel und entscheide:
Ich muss mich rasieren.
Oder doch nicht?
Ich lasse Wasser ins Waschbecken laufen.

Ich habe so einen Durst!

Meine Gedanken rasen hin und her:
Gehen – nicht gehen.
Und dann passiert es:
Ich tauche mein Gesicht in zu heißes Wasser.
Ich schreie wie verrückt. Abkühlen, abkühlen!

Ich schaue in den Spiegel.
Mein Gesicht ist knallrot und brennt wie Feuer.
Das darf nicht wahr sein!
Ich renne zur Apotheke und kaufe Brand-Salbe.
Zwei Stunden später ist mein Gesicht immer
noch rot.
Aber es tut nicht mehr weh.
Es sieht nur komisch aus.

Konzert

Ich bin sehr aufgeregt wegen Marcia.
Aber irgendwie habe ich auch gute Laune. Los geht's!

Ich mache mit Schwung meine Wohnungstür zu.
Auf der Straße habe ich dann plötzlich ein komisches Gefühl.
Ich taste meine Taschen ab. Nein, das glaube ich nicht.
Ich habe meinen Tür-Schlüssel vergessen.
Ausgerechnet heute und jetzt und hier!

Ich rufe Lala an. Sie hat einen Ersatz-Schlüssel.
Hoffentlich ist sie zu Hause. Ich habe Glück.
Lala will mir den Schlüssel zur Konzert-Halle bringen. Weil sie da in der Nähe wohnt.

Lala weiß nichts von meiner Verabredung mit Marcia.
Als sie mir den Schlüssel gibt, schaut sie sich neugierig um.
Sie fragt: „Was ist denn Fantastische Vier?"
Ich sage: „Das ist eine deutsche Hiphop-Band."
Lala nickt: „Die Musik habe ich schon bei dir gehört.
Die ist gut. Ich guck mal, ob es noch eine Karte gibt."
Und weg ist sie.

Das passt nicht in meinen Plan. Hoffentlich sind alle Karten verkauft.

Aber da kommt Lala schon wieder angehüpft.
„Simon, ich habe eine Karte. Wollen wir reingehen?"
Ich stottere: „Ja ... also ... ich warte noch auf jemanden."
Lala ist kurz überrascht. „Okay, dann hole ich schon mal Bier."

In dem Moment sehe ich Marcia.
Sie ist so eine schöne Frau – und ich?
Ich fühle mich wie ein Idiot mit meinem roten Gesicht.
Als ich vor ihr stehe, kann ich nichts sagen.
Ich starre sie nur an.
Dafür sagt sie etwas: „Was ist? Du bist doch der Typ mit der Karte, oder?"
Ja, das bin ich – der Typ mit der Karte.
Sehr nett hat sich das nicht angehört.
Meine Traum-Frau guckt jetzt auf ihr Handy.
Dann tippt sie eine SMS.
Nebenbei fragt sie: „Wollen wir reingehen?"
Sie schaut mich nicht mal an.
Ich bin ihr wohl egal. Sie war nur an der Karte interessiert.

Dann sind wir drin.
Ich soll Marcia was zu trinken holen. Bin ich ihr Diener?
Sie geht zur Toilette und kommt lange nicht wieder.
Dann starrt sie schon wieder auf ihr Handy.
Langsam geht sie mir auf die Nerven.

Das Konzert fängt an.
Lala steht jetzt auch in meiner Nähe. Sie freut sich über die Musik.
Sie hopst und lacht und trinkt Bier.

Ich fühle mich komisch.
Was ist mit meiner Traum-Frau los?
Sie ist nur mit ihrem Handy beschäftigt. Hey, wir sind auf einem Konzert.

Plötzlich ist Marcia weg.
Ich suche sie. Langsam finde ich sie richtig blöd.
Wieso habe ich mich in sie verliebt?

Ich finde sie an der Sekt-Bar.
Da steht sie mit zwei Muskel-Männern.
Einer davon hat seine Hand auf ihrem Hintern.
Was ist hier los? Ich bin stocksauer.
Ich habe mir so viel Mühe gegeben mit dem Training und so. Alles umsonst.
Mein Durst ist jetzt riesig. Ich kaufe ein paar Biere.
Dann gehe ich zu ihr hin. Wir schreien uns an.
Und auf einmal kippe ich ihr meine Biere ins Gesicht. Das passiert einfach so.

Leider bin ich nicht schnell genug weggerannt.
Die Muskel-Männer verkloppen mich.
Das Konzert ist für mich zu Ende.

Männer-Abend

Ich will jetzt nicht nach Hause. Ich rufe Flik an.
Er hat Zeit. Wir verabreden uns in einer Kneipe.

Flik fragt: „Wie siehst du denn aus?“
Ich sage: „Erzähl ich dir später.“ Und bestelle erst mal ein paar Biere.

Flik sieht auch sehr unglücklich aus.
Er fängt sofort an zu erzählen: „Daniela hat Schluss gemacht. Sie ist nicht in mich verliebt. Sie findet mich nur nett.“
Der arme Flik. Er hatte schon lange keine Freundin mehr.
Ich versuche ihn zu trösten: „Kauf dir mal andere Klamotten und nimm ein paar Kilo ab. Dann klappt das auch mit den Frauen.“
Flik fragt vorsichtig: „Meinst du wirklich? Können wir dann mal zusammen Jeans kaufen gehen?“

Ich sage Ja und erzähle ihm von meinem verrückten Tag:

- Das Gesicht mit heißem Wasser verbrannt.
- Das doofe Verhalten von Marcia auf dem Konzert.
- Die Prügel von den Muskel-Männern.

Das sind genug Gründe für uns beide, sich zu betrinken.

Und genau das tun wir auch.
Ein paar Stunden später sind wir total betrunken.
Trotzdem wollen wir noch was unternehmen.
Ich habe die Super-Idee: Wir gehen in einen Puff.
Der Eintritt kostet 99 Euro für jeden. Dafür können wir so viel Sex haben, wie wir wollen.
Wir gehen rein und setzen uns an die Bar.
Flik geht schnell mit einer Frau weg.
Ich werde auch von einer Frau angesprochen.
Sie ist schon älter und fragt: „Willst du Spaß haben?"
Was dann mit mir passiert, erzähle ich nicht.
Das war voll peinlich.

Ich warte draußen auf Flik. Ich warte lange.
Endlich kommt er und schreit:
„Ich habe mit sieben Frauen Sex gehabt!"
Er lacht glücklich und zufrieden.

Ich ärgere mich über seine Angeberei.
Ich bin betrunken und schlecht gelaunt.
Mein Kopf tut weh.
Deshalb tue ich was ganz Blödes.
Ich erzähle Flik, was ich gestern Abend gemacht habe:
„Ich war mit deiner Freundin Daniela in einer Bar.
Und sie hat mit mir geflirtet."

Flik ist plötzlich ganz still.

Wir sitzen da und schweigen.
Ich rauche und Flik guckt auf den Boden.

Nach einer Weile sagt er:
„Wir sind keine Freunde mehr.“

Dann geht er.

Ein schlechter Tag

Heute ist Montag.
Der erste Tag nach dem furchtbaren Wochen-Ende.

Um neun Uhr morgens klingelt ein kleiner Mann an meiner Tür.
Er kommt von der Stadt. Er will Geld von mir.
Ich habe meine Rechnungen für Strom und Gas nicht bezahlt.
Jetzt soll ich ihm alles in bar geben.

Ich gehe mit ihm zum Geld-Automaten.
Aber mein Konto ist leer. Ich bekomme kein Geld aus dem Automaten.

Der kleine Mann ist sauer.
„Dann gehen wir zurück in Ihre Wohnung. Und ich stelle Strom und Gas ab."
Nein, das geht doch nicht. Es ist Winter.
Ich mache einen Vorschlag:
„Wir gehen zu meiner Arbeits-Stelle. Das ist gleich um die Ecke."
Der kleine Mann ist einverstanden.
Ich frage einen Kollegen: „Kannst du mir Geld leihen?"
Ich habe Glück und der Kollege hilft mir.
Der kleine Mann nimmt das Geld und verschwindet.

Was für ein blöder Wochen-Anfang!

Aber der Tag wird noch schlimmer.

Ich soll ins Büro meiner Chefin kommen.
Dort warten zwei Polizisten.
Ich kenne die beiden Typen. Die waren doch auch in dem Spanisch-Kurs.
Ich fand die beide ziemlich langweilig und blöd.
Was wollen die hier? Was wollen die von mir?

Dann kommt die böse Überraschung:
Sie zeigen mir ein Video von einer Überwachungs-Kamera.
Da bin ich zu sehen. Wie ich in einem fremden Haus herumschleiche.
Das war an dem Abend, als ich das Handy zurückgeholt habe.

Die Chefin seufzt: „Ach, Simon. Was machst du immer für einen Quatsch?“

Die beiden Polizisten nehmen mich mit zur Polizei-Station.
Da muss ich genau erzählen, was ich in dem Haus gemacht habe.
„Ich habe nur das Handy und den Vertrag geholt.
Das Mädchen hatte einen Euro bezahlt.

Den habe ich auch hingelegt. Sonst habe ich nichts gemacht."
Trotzdem bekomme ich eine Anzeige wegen Einbruch und Diebstahl.

Als ich zur Arbeit zurückkomme, sagt die Chefin zu mir:
„Tut mir leid, aber du bist entlassen. Das hat die Haupt-Zentrale so entschieden. Ich kann leider nichts für dich tun."
Sie sieht sehr traurig aus. Es ist aber nicht ihre Schuld.

Simon allein zu Haus

Mein Leben ist gerade ziemlich durcheinander.

Ich habe mich in die falsche Frau verliebt.
Ich habe Ärger mit der Polizei.
Meine Freunde sind sauer auf mich.
Und meine Chefin hat mir gekündigt.

Jetzt will ich meine Wohnung nicht mehr verlassen.
Ich will meine Ruhe haben.
Mein Telefon und mein Handy sind ausgestellt.
Ich habe genug Essen und Zigaretten eingekauft.
Das reicht für eine Weile.

Ich mache einen Essens-Plan für jeden Tag:
Morgens gibt es Cornflakes.
Mittags gibt es Fisch mit Spinat.
Abends gibt es Pizza.
Dazu trinke ich Rotwein.

Und sonst?
Ich schaue zum Fenster hinaus.
Ich zähle die Leute auf der Straße.
Ich räume ein bisschen meine Wohnung auf.
Ich sortiere meine Bücher.

Mir ist langweilig.

Ich laufe in meiner Wohnung hin und her.
Ich zähle meine Schritte.
Ich schlafe.
Ich träume.
Ich rauche.
Ich esse.

Freunde

Ich liege in meinem Bett und träume.
Verrücktes und seltsames Zeug.
Von meinen Freunden in komischen Kleidern.

Da höre ich ein Klopf-Geräusch.
Ist das in meinem Traum?
Nein, das kommt von meiner Wohnungstür.
Ich habe ja die Klingel abgestellt.

Ich schleiche vorsichtig zur Tür.
Durch den Spion sehe ich Flik.
Er sieht aus wie immer.
Nicht wie in meinem Traum.
Was will der hier?
Um zehn Uhr morgens?
Ich schleiche zurück ins Bett.

Später stehe ich auf und dusche.
Ich schalte den Backofen an für mein Mittagessen.

Da klopft es schon wieder an meiner Tür.
Ich schleiche vorsichtig hin.
Diesmal stehen Flik, Paula und zwei
Feuerwehr-Männer davor.
Sie rufen: „Hallo, Simon. Bist du da? Mach die Tür
auf."

„Herr Peters, bitte öffnen Sie die Tür. Sonst müssen wir sie aufbrechen."

Klopf, klopf, klopf.
Ich schleiche zurück und verkrieche mich
in mein Bett.
Unter die Decke. Da findet mich keiner.
Nach ein paar Minuten höre ich komische
Geräusche. Was machen die mit meiner Tür?
Ich verstecke mich noch tiefer unter meine Decke.

Flik und Paula finden mich trotzdem.
Flik ist so sauer, dass er mir eine Ohrfeige gibt.
Dann geht er weg. Die Feuerwehr-Männer auch.
Paula bleibt da.

Wir sitzen in meiner Küche und reden.
Paula sagt: „Wir haben uns große Sorgen gemacht.
Du hast das Handy ausgeschaltet. Du hast die Tür
nicht aufgemacht. Da haben wir die Feuerwehr
angerufen."
Nach ein paar Minuten fragt sie mich: „Was willst
du heute machen? An deinem Geburtstag?"

Ich gucke sie an. Was ist heute? Mein Geburtstag?
Ich schalte mein Handy an. Da steht das Datum –
14. Dezember.
Das habe ich total vergessen:

Ich werde heute 30 Jahre alt!

Paula umarmt mich und gibt mir ein Geschenk. Das ist von ihr und Phil und Flik. Von meinen Freunden. Sie schenken mir ein blaues Schalke-Shirt mit der Nummer „30". Darunter steht „Voll-Idiot".

Ich frage Paula: „Bin ich das wirklich? Ein Voll-Idiot?"
Sie nickt und sagt: „In letzter Zeit schon. Wollen wir uns nachher treffen?"

Ich verspreche ihr, dass ich Bescheid sage.
Wenn ich weiß, wie ich meinen Geburtstag
feiern will.

Geburtstag

Okay, also was mache ich heute an meinem 30.
Geburtstag?

Ich dachte an eine kleine Feier zu Hause.
Zusammen mit meinen Freunden:
Paula, Flik und Phil.

Aber es kommen viele andere Gäste.
Der kleine Mann von der Stadt kommt als Erster.
Er bedankt sich für die Einladung:
„Das war ja mal eine nette SMS, die ich von Ihnen bekommen habe."
Was meint er damit?
Ich gucke auf mein Handy. Das glaube ich nicht.

Ich Idiot habe die Einladung an ALLE gespeicherten Nummern geschickt!

Da kommen auch schon Dörte und Lala:
„Hallo, alles Gute zum Geburtstag."
Und alte Schulkameraden:
„Toll, dass du dich mal wieder meldest."
Und Popeye. Und mein Vermieter.
Sie bringen alle Getränke und Essen mit.

Meine Wohnung ist jetzt voller Leute.

Alle reden und lachen und trinken.
Ich bekomme viele Geschenke. Mein neues Schalke-Shirt habe ich schon an.
Die Stimmung ist toll.

Da sehe ich plötzlich meine ehemalige Chefin.
Sie sieht irgendwie anders aus.
Besser!
Die Riesenbrille ist weg. Und sie hat eine andere Frisur.

„Hallo, Simon. Herzlichen Glückwunsch.
Wie geht es dir?"
Ich frage sie, ob es noch mehr Ärger mit der Polizei gegeben hat.

Wir trinken Sekt und unterhalten uns.
Wir lachen viel zusammen.
Wir haben die gleichen verrückten Gedanken.

Und dann macht es „Peng" in meinem Kopf.

Das ist die richtige Frau für mich!
Die ganze Zeit war sie da.
Direkt vor meiner Nase.

Und ich habe es nicht kapiert.

Weil ich ein Voll-Idiot war!

Wörter-Liste

Seite 7: Single
englisch: ein Mensch ohne Partner, der alleine lebt

Seite 14: Cocktail
englisch: ein Mix-Getränk, meistens mit Alkohol

Seite 16: Hasch
kurz für: Haschisch; eine pflanzliche Droge

Seite 20: Kanaren
Inseln vor der Küste Afrikas, ein beliebtes Urlaubs-Ziel

Seite 23: Animateurin
hier: Hotel-Angestellte, die sportliche und kulturelle Veranstaltungen leitet

Seite 24: Anmache
eine Frau mit blöden Sprüchen ansprechen, um sie kennenzulernen

Seite 28: SMS
englische Abkürzung für „Short Message Service“; eine kurze Text-Nachricht, die man mit einem Handy verschicken kann

Seite 30: Mitglieds-Vertrag
Ein Mitglied ist ein Teil einer Gruppe. In einem Fitness-Studio kann ein Mitglied die Sport-Geräte benutzen. Dafür zahlt das Mitglied eine bestimmte Summe Geld. In einem Vertrag stehen die Regeln für eine Mitgliedschaft.

Seite 30: Popeye
Figur aus einer Zeichentrick-Serie; ein Seemann mit vielen Muskeln

Seite 41: Vereins-Manager
eine Person, die sich zum Beispiel um das Geld in einem Verein kümmert

Seite 52: Die Fantastischen Vier
eine deutsche Musik-Gruppe, die Hip-Hop spielt

Seite 62: verkloppen
anderes Wort für verprügeln

Seite 64: Puff
anderes Wort für Bordell; ein Ort, wo Männer Sex mit Frauen haben können, wenn sie dafür bezahlen

Seite 66: in bar
etwas mit Bargeld bezahlen

Seite 68: Anzeige
hier: Wenn man etwas Verbotenes tut, zum Beispiel in ein Haus einbricht, schreibt die Polizei alle wichtigen Informationen auf. Wo ist es passiert? Wer hat es getan? Manchmal bekommt man dann eine Geld-Strafe oder auch eine Gefängnis-Strafe.

Seite 71: Spion
hier: ein kleines Guck-Loch in der Tür, damit man sehen kann, wer davor steht